AF349916

2 Décembre 1908

marqué P

VENTE
Du Mercredi 2 Décembre 1908
HOTEL DROUOT, SALLE N° 10
à 2 heures
✻

ANCIENNES PORCELAINES

DE SÈVRES PATE TENDRE

ET DE CHINE

APPARTENANT A M. DE F...

EXEMPLAIRE DE M. STETTINER

COMMISSAIRE-PRISEUR
M° HENRI BAUDOIN
Successeur de M. Paul CHEVALLIER
EXPERTS
MM. MANNHEIM

CATALOGUE

DES

Anciennes Porcelaines

DE SÈVRES PATE TENDRE

ET DE CHINE

OBJETS DIVERS

Appartenant à M. de F...

ET DONT LA VENTE AURA LIEU

HOTEL DROUOT, SALLE N° 10

Le Mercredi 2 Décembre 1908

A DEUX HEURES

COMMISSAIRE-PRISEUR
Mᶜ HENRI BAUDOIN
Successeur de M. P. CHEVALLIER
10, rue Grange-Batelière

EXPERTS
MM. MANNHEIM
7, rue Saint-Georges
PARIS

EXPOSITION PUBLIQUE

Le Mardi 1ᵉʳ Décembre 1908, de 1 h. 1/2 à 5 h. 1/2

CONDITIONS DE LA VENTE

Elle sera faite au comptant.

Les adjudicataires paieront *dix pour cent* en sus des enchères.

Paris. — Imp. de l'Art, Ch. Berger, 41, rue de la Victoire.

DÉSIGNATION

PORCELAINES

DE SÈVRES ET DE CHINE

OBJETS DIVERS

1 — Tasse droite et sa soucoupe en ancienne porcelaine tendre de Sèvres : paniers de fruits dans des paysages, guirlandes de feuillages entrelacées en dorure sur fond blanc.

2 — Tasse droite et sa soucoupe en ancienne porcelaine tendre de Sèvres : rinceaux et palmettes en camaïeu marron sur fond jaune. Année *1788*.

3 — Tasse droite et sa soucoupe en ancienne porcelaine tendre de Sèvres : sujet tiré des fables de La Fontaine : « Le Renard et la Cigogne », fond bleu de roi, chargé de rinceaux en dorure. Décor par Chapuis aîné.

4 — Grande tasse droite et sa soucoupe en ancienne porcelaine tendre de Sèvres : paysages animés sur fond bleu de roi, chargé de branchages en dorure. Décor par BOUCHET.

5 — Tasse et sa soucoupe en ancienne porcelaine tendre de Sèvres : oiseaux dans des paysages sur fond bleu caillouté d'or.

6 — Tasse droite et sa soucoupe en ancienne porcelaine tendre de Sèvres : paysages sur fond vert avec bordures et feuillages en dorure. Année 1767.

7 — Tasse-trembleuse obconique, avec son couvercle et son présentoir, en ancienne porcelaine tendre de Sèvres : médaillons contenant des amours, des fleurs ou des attributs, réservés sur fond vert à œils de-perdrix. Décor par FONTAINE. Année 1771.

8 — Tasse droite et sa soucoupe en ancienne porcelaine tendre de Sèvres : réserves à fleurs sur fond bleu, à imbrications dorées. Décor par NOEL. Année 1777.

9 — Tasse droite et sa soucoupe en ancienne porcelaine tendre de Sèvres : paysages sur fond semé de pois en dorure. Décor par BOUCHET. Année *1783*.

10 — Tasse droite et sa soucoupe en ancienne porcelaine tendre de Sèvres, décor de bandes, médaillons à paysages et rinceaux, pois et couronne, en dorure sur fond vert et marron. Décor par PIERRE jeune. Année *1786*.

11 — Grande tasse droite et sa soucoupe en ancienne porcelaine tendre de Sèvres : « allégorie de la Beauté gouvernée par la Raison, récompensée par le Mérite, » sur la tasse ; Flore et Zéphire sur la soucoupe, fond bleu de roi chargé de rinceaux en dorure. Décor par DODIN. Dorure par LE GUAY. Année *1788*.

12 — Boîte ovale en ancien émail de Saxe, décorée de petits paysages animés, dans des réserves sur fond quadrillé. Monture en cuivre doré.

13 — Deux potiches avec couvercles en ancienne porcelaine de Chine, époque des Ming : femmes et enfants dans des paysages.

14 — Deux petits cornets en ancienne porcelaine de Chine, époque des Ming : personnages dans des paysages.

15 — Deux potiches en ancienne porcelaine de Chine, époque des Ming : réserves lobées à fleurs et larges lambrequins sur fond imbriqué rouge.

16 — Deux pots surbaissés avec deux couvercles en ancienne porcelaine de Chine, époque des Ming : réserves lobées à fleurs sur fond quadrillé rouge.

17 — Deux potiches avec couvercles en ancienne porcelaine de Chine, époque des Ming : dragons, fleurs et feuillages en vert et rouge.

18 — Potiche avec un couvercle en ancienne porcelaine de Chine, époque des Ming : réserves à fleurs, lambrequins sur fond carrelé rouge.

19 — Petit compotier en ancienne porcelaine de Chine, époque Kang-shi ; au fond, un compartiment à branchages d'où s'échappent six tiges de branches fleuries.

20 — Petit plat creux en ancienne porcelaine de Chine, époque Kang-shi : fleurs au fond, compartiments de rochers et oiseaux à la chute.

21 — Compotier lobé en ancienne porcelaine de Chine, époque Kang-shi : haie fleurie, tigres et personnages.

22 — Plat creux en ancienne porcelaine de Chine, époque Kang-shi, décor de branchages fleuris au fond et petites réserves à la chute.

23 — Plat en ancienne porcelaine de Chine, époque Kang-shi, décoré de trois vases fleuris au fond et de compartiments à feuillages et animaux au marli.

24 — Petit plateau en ancienne porcelaine de Chine, époque Kang-shi : Divinité, grues et ling-shi.

25 — Deux bols en ancienne porcelaine de Chine, époque Kang-shi, décorés de paysages maritimes animés, avec montagnes et habitations.

26 — Théière avec couvercle en ancienne porcelaine de Chine, époque Kang-shi, décorée
de branchages fleuris.

27 — Flacon à thé en ancienne porcelaine de
Chine, époque Kang-shi, décoré de vases,
ustensiles et fleurs ; col et couvercle en étain.

28 — Deux petits pots cylindriques en ancienne
porcelaine de Chine, époque Kang-shi, décorés, chacun, de deux femmes dans un jardin.

29 — Pitong en ancienne porcelaine de Chine,
époque Kang-shi, décoré de rochers, branchages fleuris, oiseaux et inscriptions.

30 — Deux pots en ancienne porcelaine de
Chine, époque Kang-shi, décorés de plantes
et d'oiseaux aquatiques.

31 — Grand cornet-balustre en ancienne porcelaine de Chine, époque Kanh-shi, décoré
d'une divinité enlevée par un fon-hoang
et de personnages dans des attitudes variées.

32 — Bouteille à panse surbaissée en ancienne
porcelaine de Chine, époque Kang-shi :
branchages fleuris et oiseaux.

33 — Deux cornets-balustres en ancienne porcelaine de Chine, époque Kang-shi, décorés de
divinités, personnages, cavaliers, etc.

34 — Cornet-balustre en ancienne porcelaine
de Chine, époque Kang-shi, décoré de scènes
d'intérieur, cavaliers, personnages dans des
chars, etc.

35 — Boîte lenticulaire avec couvercle en ancienne porcelaine de Chine, décor de dragons, attributs et fleurs.

36 — Soupière avec couvercle et plateau en
ancienne porcelaine de Chine, décorés de
scènes d'intérieur animées, avec rehauts de
dorure.

37 — Petite assiette en ancienne porcelaine de
Chine, décor de fleurs en dorure sur fond
bleu fouetté; revers à réserves polychromes
sur fond bleu fouetté également.

38 — Petit plat en ancienne porcelaine de Chine:
branchages fleuris au fond ; fleurs s'échap-
pant de rinceaux, au marli.

39 — Théière, de forme persane, en ancienne
porcelaine de Chine, décor de petits animaux et carrelages.

40 — Deux vases, formés de fragments de compartiments cylindriques, en ancienne porcelaine de Chine, à décor bleu, réunis par une
monture en cuivre.

41 — Pot cylindrique avec un couvercle en ancienne porcelaine de Chine, décoré en bleu
de réserves à fleurs et de fleurs sur fond caillouté.

42 — Bouteille en ancienne porcelaine de
Chine, décorée d'un dragon dans les flots en
bleu ton sur ton.

43 — Deux petits pots avec couvercles en ancienne porcelaine de Chine, décorés de fleurs
en bleu sur fond caillouté. Montures des
couvercles en argent.

44 — Pot-attrappe en ancienne porcelaine de
Chine, à goulot supporté par six consoles,
décor bleu de chimères et rinceaux.

45 — Petit vase ovoïde allongé en ancienne porcelaine de Chine, décoré en bleu d'un animal chimérique, d'arbustes et rochers.

46 — Vase-balustre aplati en ancienne porcelaine blanche de la Chine : anses dragons, fleurs en relief.

47 — Deux vases-balustres aplatis avec couvercles en ancienne porcelaine de Chine, décorés de personnages dans des paysages, fleurs en relief, anses dragons; petits personnages assis sur les couvercles; fond rouge clathré or.

48 — Bouteille avec bouchon en ancienne porcelaine de Chine, décorée de menus rinceaux en bleu.

49 — Deux flacons-aspersoirs en ancienne porcelaine de Chine, décorés de fleurs en bleu et de bambous en rouge. Montures en métal.

5o — Deux pots avec deux couvercles en ancienne porcelaine de Chine : arbustes et bambous en bleu.

51 — Grosse potiche avec couvercle en ancienne
porcelaine de Chine, décorée en bleu : com-
bat de cavaliers.

52 — Vase présentant une audience d'un man-
darin : scène animée de nombreux personnages. Même porcelaine.

53 — Vase en ancienne porcelaine de Chine,
époque Kien-lung, décoré de rochers et branchages fleuris.

54 — Vase en ancienne porcelaine de Chine,
époque Kien-lung, décor de fleurs et oiseaux.

55 — Cornet surbaissé en ancienne porcelaine
de Chine, époque Kien-lung, décoré de personnages dans des attitudes variées et d'un
cerf axis.

56 — Vase en ancienne porcelaine de Chine,
époque Kien-lung, décoré de réserves en
forme d'ustensiles, écrans, etc., contenant
des paysages, oiseaux, animaux, etc.; fond
bleu chargé de fleurs, rinceaux, etc.

57 — Deux pots avec couvercles en ancienne
porcelaine de Chine, époque Kien-lung,
réserves à fleurs sur fond capucin.

250

58 — Grande bouteille en ancienne porcelaine
de Chine, époque Kien-lung : branchages
fleuris, oiseaux et lambrequins.

190

59 — Deux petits vases-balustres quadrilatéraux
avec couvercles en ancienne porcelaine de
Chine, époque Kien-lung, décorés de personnages dans des habitations.

805

60 — Crachoir en ancienne porcelaine de Chine,
époque Kien-lung, décoré de réserves à
ustensiles et fleurs sur fond vermiculé.

130

61 — Statuette de femme debout, tenant un vase.
Ancienne porcelaine de Chine, époque Kien-
lung.

62 — Deux jardinières carrées en ancienne porcelaine de Chine, époque Kien-lung, décorées de vieillards et d'enfants dans des paysages ; pieds en bronze.

550

63 — Trois petites potiches avec couvercles en ancienne porcelaine de Chine, époque Kien-lung, décor d'oiseaux sur des branchages fleuris.

400

64 — Deux petites potiches en ancienne porcelaine de Chine, époque Kien-lung, décorées de rochers et branchages fleuris.

260

65 — Deux cache-pot en ancienne porcelaine de Chine, époque Kien-lung, décorés de réserves à fleurs sur fond capucin ; cols et bases en cuivre.

350

66 — Deux petits cornets en ancienne porcelaine de Chine, époque Kien-lung, décorés de réserves à fleurs sur fond capucin.

150

67 — Théière avec couvercle en ancienne porcelaine de Chine, époque Kien-lung, décorée de réserves à fleurs et oiseaux sur fond capucin.

68 — Assiette en ancienne porcelaine de Chine, époque Kien-lung, décorée de rochers, fleurs et oiseaux.

69 — Plat en ancienne porcelaine de Chine, époque Kien-lung, décoré de branches fleuries au fond; au marli, des compartiments d'ustensiles alternant avec des fleurs sur fond vermiculé.

70 — Assiette creuse, à bords lobés, en ancienne porcelaine de Chine, époque Kien-lung : oiseaux et fleurs. Monture en argent doré.

71 — Autre assiette, décorée, au fond, d'un coq sur un rocher fleuri et au marli de fleurs et rinceaux sur fond noir.

72 — Théière obconique en ancienne porcelaine de Chine, époque Kien-lung, décorée de branchages fleuris et paons.

73 — Flacon à thé en ancienne porcelaine de Chine, époque Kien-lung, décoré de fleurs et feuillages sur fond vermiculé, garniture de col et bouchon en argent.

74 — Théière, pot à lait et flacon à thé avec couvercles, deux tasses avec soucoupes et petit plateau en ancienne porcelaine de

Chine, époque Kien-lung, décorés en relief de sarments de vigne, grappes de raisin et petits mulots.

75 — Théière avec couvercle en ancienne porcelaine de Chine, époque Kien-lung, décorée de branchages fleuris et d'oiseaux.

76 — Théière avec couvercle en ancienne porcelaine de Chine, époque Kien-lung, décorée de branches fleuries et de coqs.

77 — Deux petits cornets en ancienne porcelaine de Chine, époque Kien-lung, décorés de rochers, branches fleuries et oiseaux.

78 — Vitrine en acajou.